Pour Gabby Schiavi

VIERGE

STELLA ANDROMEDA

ILLUSTRÉ PAR EVI O. STUDIO

Le lotus & l'éléphant

III.

En savoir plus

Introduction

Sur le fronton du temple d'Apollon à Delphes, en Grèce, étaient gravés les mots « Connais-toi toi-même ». Il s'agit de l'une des 147 maximes delphiques, ou règles de vie, attribuées à Apollon lui-même, et reformulée ensuite par le philosophe Socrate avec la célèbre phrase « Une vie sans examen ne vaut pas la peine d'être vécue ».

Il existe de multiples façons de se connaître, de se réconcilier avec la vie, et de méthodes pour comprendre les défis de l'existence, parfois par le biais de thérapies ou de systèmes de croyances comme la religion organisée. Nous nous efforçons de trouver les outils particuliers qui nous permettront de mieux comprendre les rapports que nous entretenons avec nous-même et avec les autres.

Grâce à son emploi symbolique des constellations, des représentations des signes du zodiaque, des planètes et de leur influence énergétique, l'astrologie a beaucoup à offrir pour la connaissance et la compréhension de la nature humaine. Nombre de personnes pensent que l'accès à ces informations et l'exploitation de leur plein potentiel sont utiles pour réfléchir à la manière de gérer leur vie pleinement.

Qu’est-ce que l’astrologie ?

En termes simples, l’astrologie établit une correspondance entre l’Homme et le monde dans lequel il vit. Fondées sur une combinaison de connaissances factuelles, l’étude et l’interprétation de la position des planètes à un moment spécifique dans le temps permettent de déterminer certaines caractéristiques psychologiques d’une personne.

L’astrologie est moins un système de croyances qu’un outil pour mieux gérer sa vie, à partir duquel une sagesse ancienne et établie peut être enseignée. Chacun de nous peut apprendre à se servir de l’astrologie, non pas tant pour connaître le futur, mais plutôt comme un guide qui donne la possibilité d’aborder le quotidien de manière plus réfléchie. Les cycles sont au cœur de l’astrologie, et la connaissance des configurations planétaires et de leurs interrelations à des moments précis peut nous aider à affiner certains de nos choix et décisions.

Savoir quand des changements majeurs risquent de se produire – en raison de configurations planétaires particulières telles qu’un retour de Saturne (voir page 103) ou lorsque Mercure rétrograde (voir page 104) – ou ce que signifie avoir Vénus dans votre septième maison (voir pages 95-99), tout en connaissant les caractéristiques spécifiques de votre signe, sont autant d’outils que vous pouvez utiliser à votre avantage. Le savoir, c’est le pouvoir, et l’astrologie est un instrument très puissant pour mieux appréhender les hauts et les bas de la vie quotidienne et les relations que nous nouons en chemin.

Les douze signes du zodiaque

Chaque signe du zodiaque arbore toute une gamme de caractéristiques identifiables, partagées par les personnes nées sous le même signe. Il s'agit du signe solaire – que vous connaissez probablement déjà –, point habituel à partir duquel nous commençons à explorer notre propre voie astrologique. Les attributs des signes solaires peuvent être spécialement présents selon les individus ; pour autant, ils ne représentent qu'une partie d'un ensemble.

En général, l'image que nous renvoyons aux autres est soumise à l'influence de divers facteurs qui méritent d'être pris en compte. Votre ascendant est tout aussi important, ainsi que le positionnement de votre Lune. Vous pouvez également consulter les attributs de votre signe opposé pour voir ce que votre signe solaire pourrait nécessiter, en vue d'équilibrer ses particularités.

Après avoir fait plus ample connaissance avec votre signe solaire dans la première partie de ce livre, vous aurez peut-être envie d'explorer la section « En savoir plus » (voir pages 74-105) afin de comprendre plus en détail le fonctionnement de votre thème natal. Ce chapitre vous donnera un aperçu beaucoup plus vaste de la myriade d'influences astrologiques qui peuvent traverser votre vie.

Les signes solaires

Il faut 365 jours (et un quart, pour être précis) pour que la Terre réalise un tour complet autour du Soleil ; le Soleil nous semble donc passer un mois à parcourir chaque signe du zodiaque. Ainsi, votre signe solaire correspond au signe que le Soleil traversait au moment de votre naissance. Le fait de savoir ce que cela signifie pour vous et votre famille, vos amis et vos partenaires, donne déjà un premier aperçu de vos caractère et personnalité.

La conjonction

Pour ceux dont la date d'anniversaire est proche de la fin d'un signe solaire ou du début d'un autre, cela vaut la peine de savoir à quelle heure vous êtes né. Astrologiquement parlant, il n'existe rien de tel qu'être au centre d'une conjonction – car les signes commencent à une heure et une date précises, bien que cela puisse légèrement varier d'une année à l'autre. Si vous n'êtes pas sûr, vous devrez connaître vos date, heure et lieu de naissance pour déterminer avec précision à quel signe solaire vous appartenez. Une fois que vous les avez, vous pouvez consulter un astrologue ou renseigner vos données par le biais d'un site d'astrologie (voir page 108) pour obtenir un thème natal le plus complet possible.

Bélier

Le bélier

★

21 MARS–20 AVRIL

Premier signe du zodiaque, le Bélier apparaît aux côtés de l'équinoxe vernal (ou équinoxe de printemps). Signe cardinal, le Bélier est aussi un signe de feu gouverné par la planète Mars, ce qui lui permet de relever n'importe quel défi avec une énergie et une créativité débordantes. Son signe opposé est le signe d'air de la Balance.

Taureau

Le taureau

★

21 AVRIL–20 MAI

Fort, sensuel et adepte des plaisirs de la chair, le Taureau est un signe fixe lié à la terre et symbolisé par la planète Vénus, déesse de l'amour et de la beauté. Généralement caractérisé par une vision simple et facile de la vie, bien que parfois têtu, son signe opposé est le signe d'eau du Scorpion.

Gémeaux

Les jumeaux

✱

21 MAI–20 JUIN

Signe d'air mutable symbolisé par des jumeaux. Le natif du Gémeaux a tendance à voir les multiples facettes d'une discussion, sa curiosité intellectuelle étant influencée par sa planète maîtresse Mercure. Quelquefois inconstant, ce signe incarne également une certaine jeunesse d'esprit. Son signe opposé est le signe de feu du Sagittaire.

Cancer

Le crabe

✱

21 JUIN–21 JUILLET

Représenté par un crabe à grosses pinces, le Cancer est un signe cardinal d'eau gouverné par la Lune, l'astre maternel. Émotionnel et intuitif, il se protège derrière une lourde carapace qui symbolise la sécurité du foyer, auquel le Cancer est très attaché. Son signe opposé est le signe de terre du Capricorne.

Lion

Le lion

✶

22 JUILLET-21 AOÛT

Signe de feu fixe gouverné par le Soleil, le Lion aime briller comme ce dernier. C'est un idéaliste dans l'âme, à la fois positif et généreux, qui a une grande foi en l'Humanité. Ce signe ne cherche pas à faire de compromis, il rugit de fierté et a confiance en lui. Son signe opposé est le signe d'air du Verseau.

Vierge

La jeune fille

✶

22 AOÛT-21 SEPTEMBRE

Traditionnellement symbolisé par une jeune fille, ce signe de terre mutable, très observateur et autocritique, aime la minutie et tend vers l'autosuffisance. Gouverné par Mercure, le natif de la Vierge est mû par un intellect aigu et se montre soucieux de sa santé. Son signe opposé est le signe d'eau du Poissons.

Scorpion

Le scorpion

★

22 OCTOBRE-21 NOVEMBRE

Porté par des sentiments intenses, comme il sied à un signe d'eau fixe, le Scorpion symbolise la mort, ainsi que la renaissance, et il est gouverné par Pluton et Mars. Traversé par une forte spiritualité et des émotions profondes, le Scorpion a besoin de sécurité, dans laquelle il puise sa force. Son signe opposé est le signe de terre du Taureau.

Balance

La balance

★

22 SEPTEMBRE-21 OCTOBRE

Signe d'air cardinal gouverné par Vénus, la Balance est toujours à la recherche d'équilibre et d'harmonie dans un monde plutôt romantique. Doté d'un goût prononcé pour l'esthétique, le natif de la Balance peut être à la fois artiste et bricoleur ; il aime aussi l'équité et sait faire preuve de diplomatie. Son signe opposé est le signe de feu du Bélier.

Sagittaire

L'archer

✶

22 NOVEMBRE–21 DÉCEMBRE

Représenté par un archer, le Sagittaire est un signe de feu mutable féru de voyage et d'aventure, que ce soit à travers le corps ou l'esprit, qui se montre très direct dans son approche. Gouverné par le bienveillant Jupiter, le Sagittaire est un éternel optimiste qui aime la liberté, mais a tendance à généraliser. Son signe opposé est le signe d'air du Gémeaux.

Capricorne

La chèvre cornue

✶

22 DÉCEMBRE–20 JANVIER

Gouverné par Saturne, le Capricorne est un signe de terre cardinal associé au travail acharné. Digne de confiance et n'ayant pas peur de l'engagement, le Capricorne est suffisamment discipliné pour exercer une profession indépendante. Son signe opposé est le signe d'eau du Cancer.

Verseau

Le porteur d'eau

★

21 JANVIER–19 FÉVRIER

Représenté en porteur d'eau, le Verseau est un signe d'air fixe gouverné par l'imprévisible Uranus, qui aime balayer les idées anciennes pour laisser place à une pensée innovante. Tolérant, ouvert d'esprit et tourné vers l'autre, il est doué d'une vision sociale et lucide. Son signe opposé est le signe de feu du Lion.

Poissons

Le poisson

★

20 FÉVRIER–20 MARS

Sensible à son environnement, le natif du Poissons confond parfois fantaisie et réalité. Signe d'eau mutable représenté par deux poissons nageant dans des directions opposées, il est gouverné par Neptune. Il s'épanouit dans un univers imaginatif et empathique, et il est souvent en phase avec les humeurs des autres. Son signe opposé est le signe de terre de la Vierge.

1. Connaître

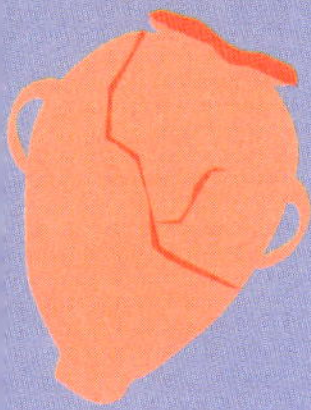

la Vierge

Le signe dans lequel le Soleil voyageait au moment de votre naissance est le point de départ fondamental pour explorer votre caractère et votre personnalité à travers le zodiaque.

VOTRE SIGNE SOLAIRE

Signe de terre mutable, représenté par une jeune fille portant un épi de blé.

Gouverné par Mercure, la planète associée au dieu du commerce et des voyages, messager des autres dieux.

SIGNE OPPOSÉ

Poissons

EXPRESSION CLÉ

J'analyse

I.

La couleur porte-bonheur

Le bleu et l'orange, des nuances subtilement intégrées dans des motifs à rayures, qu'apprécie particulièrement la Vierge. Portez ces couleurs pour vous connecter à votre énergie lorsque vous avez besoin d'un coup de pouce psychologique ou d'un peu de courage supplémentaire. Choisissez aussi des accessoires bleus et orange – chaussures, gants, chaussettes, chapeau, voire sous-vêtements – si vous n'avez pas d'habits adéquats.

II.

Le jour porte-bonheur

Le mercredi. Le milieu d'une semaine de travail pour la plupart d'entre nous. Le mot mercredi est issu du latin *Mercurii dies*, signifiant « jour de Mercure ».

III.

Les pierres porte-bonheur

Le saphir bleu, censé apaiser l'esprit et apporter une protection aux voyageurs, est la pierre porte-bonheur de la Vierge. La bague de fiançailles de lady Diana, un saphir bleu nuit de dix-huit carats désormais porté par Kate Middleton, est l'un des exemples les plus célèbres du joyau de la Vierge.

IV.

Les lieux

Les endroits où résonne le plus l'énergie de la Vierge sont souvent réputés pour le bleu profond de leur mer et la fertilité de leurs terres, comme les Antilles, la Crète, la Turquie et la Grèce. Les villes prisées par la Vierge incluent Paris, Maidstone, Boston, Jérusalem et Brindisi.

V.

Les vacances

Les vacances sont une occasion de voir du pays pour la Vierge, donc du ski dans les Alpes, une randonnée guidée sur le sentier des chutes de Yosemite, ou encore un séjour sur le thème du yoga en Grèce pourraient très bien faire l'affaire. Autant d'idées de voyage pour que la Vierge puisse se reconnecter avec son corps tout en relaxant son esprit occupé.

VI.

Les fleurs

La pensée sauvage, également connue sous le nom de *viola tricolor* ou fleur de la Trinité, pour guérir le chagrin d'amour. Les variétés bleu foncé ou violettes font écho à la couleur porte-bonheur de la Vierge.

VII.

Les arbres

Le noisetier, le noyer, l'amandier et d'autres arbres à noix, comme le puissant chêne, sont tous alignés sur la Vierge. Ils symbolisent la capacité de la Vierge à bâtir des projets à l'aide de sa volonté intense, comme ces grands arbres qui puisent leur énergie grâce à leurs racines profondes.

VIII.

Les animaux

Les chiens – plus probablement les petites races à poil court – sont susceptibles d'attirer la sympathie de la Vierge adepte de la routine, qui adorera dispenser des cours de dressage et promener son animal de compagnie. Vous pouvez être sûr que la Vierge prodiguera non seulement des soins à son chien, mais aussi qu'elle l'entraînera.

IX.

Les soirées

La Vierge adore organiser les fêtes ! Il est fort probable que tout soit parfait : des invités au menu, en passant par les décorations et les cartons d'invitation calligraphiés à la main. En effet, la Vierge est très soucieuse des détails et veut toujours bien faire les choses. Ce n'est qu'une fois satisfaite qu'elle pourra se laisser aller à prendre un verre. Quelque chose comme un cocktail au thym et à la cerise ou une pinte de bière artisanale.

Les caractéristiques de la Vierge

Traditionnellement représentée par une chaste jeune fille tenant un épi de blé, il y a quelque chose de paradoxal à propos de la Vierge, car ce signe est également lié à la Terre-Mère créative et fertile. Nous pourrions affirmer que la Vierge est synonyme de profusion, d'abondance, mais souvent sous contrôle. Ce devoir de réserve fait partie de son *modus operandi*, et faire preuve de prudence signifie pour elle se tenir toujours prête, comme le proverbial boy-scout. Besoin d'un morceau de ficelle ou d'une paire de chaussettes propres ? Vous pouvez compter sur la Vierge.

Il y a aussi quelque chose de fastidieux et d'analytique appartenant à la Vierge, tandis qu'elle dresse ses listes, affine ses feuilles de calcul et s'assure que les choses se passent bien comme prévu. Certes, elle excelle dans le monde du travail, dans la mesure où elle ne baisse jamais les bras, mais cela pourrait aussi lui causer du tort, car elle risque de s'enfermer dans le rôle de la « servante », ce qui serait dommage, parce qu'elle excelle tout autant dans la gestion d'entreprise.

Parfois perçue comme plutôt ennuyeuse, la Vierge est pourtant capable de s'amuser (une fois les corvées terminées !). Signe de terre, elle est très à l'aise avec son corps, bien coordonnée et habile de ses mouvements, tandis que son esprit logique fonctionne grâce à l'influence de sa planète dominante, Mercure, le messager des dieux.

La Vierge est pragmatique mais théorique, consciencieuse mais désinvolte ; une combinaison unique d'opposés qui s'entrechoquent en lui causant du stress, car elle ne pourra jamais, au grand jamais, laisser tomber quelqu'un. Encore une fois, il y a quelque chose de paradoxal chez la Vierge : si son bureau (ou son sac à main) peut sembler désordonné, cela a plus à voir avec une créativité innée, à partir de laquelle son esprit pratique peut s'épanouir. De toute façon, la Vierge saura où tout est rangé, car elle en a gardé une trace dans sa tête.

Pour la Vierge volontiers objective, la critique est rarement personnelle et généralement utile, d'autant qu'elle est capable de faire preuve d'autocritique en étant encore plus exigeante avec elle-même qu'elle ne le permettrait aux autres. La spontanéité n'est pas vraiment son fort et elle a tendance à se contenir, essayant parfois de trop bien faire les choses plutôt que de les faire simplement. Si la Vierge n'y prête pas suffisamment attention, sa conscience rigoureuse risque de virer à l'obsession, mais heureusement pour elle, une bonne dose de réalisme la protège de ses propres maux.

TEMPÉRER LA TERRE

Les caractéristiques clés d'un signe solaire peuvent être compensées, voire renforcées, par les attributs des autres signes du thème natal, en particulier ceux de l'ascendant et de la Lune. Ce qui explique que, parfois, une personne ne semble pas être tout à fait conforme à la nature de son signe solaire. Cependant, les particularités des natifs de la Vierge auront toujours une influence fondamentale dans la construction globale de sa personnalité.

Le corps de la Vierge

Minutieuse et bien ordonnée, il est peu probable de croiser la Vierge avec un col négligé ou un bouton manquant : c'est le signe du zodiaque le plus enclin à s'habiller avec soin, que ce soit pour une rave party ou un entretien d'embauche. Elle présente bien quelles que soient les circonstances – sachant pertinemment que, parce que les premières impressions comptent, il est raisonnable de faire attention. Ce souci du détail transparaît également à travers son langage corporel authentique, une caractéristique essentielle de ce signe de terre à la poigne solide et au sourire avenant.

Santé

La Vierge gouverne le système nerveux et les intestins ; et comme les deux sont liés, c'est dans son ventre que se concentrera la réponse physique au stress. Qu'elle soit plutôt sujette aux ballonnements ou touchée par le syndrome du côlon irritable, l'attachement de la Vierge pour sa santé signifie qu'elle comprend de manière instinctive comment prendre soin d'elle. Pour cette raison, elle peut sembler parfois pointilleuse sur la nourriture, mais c'est seulement parce qu'elle sait ce qui est bon pour elle et ce qu'il vaut mieux éviter.

Exercice

Comme à peu près tout ce qu'elle entreprend, l'engagement de la Vierge envers son corps la conduit à pratiquer régulièrement de l'exercice et de manière relativement disciplinée. Elle sait également que l'exercice au quotidien permet de diminuer le stress psychologique responsable de ses problèmes intestinaux, c'est pourquoi quinze minutes d'étirements à la maison, suivis d'une séance d'aérobic ou de running, seront une excellente manière d'entamer la journée.

Comment la Vierge communique

Analytique (parfois trop), la Vierge adore avoir une bonne conversation sur quelque chose de substantiel, qui peut être de préférence déconstruit puis recomposé. Parce qu'elle a un net penchant à poser beaucoup de questions, voilà qui lui sert également à détourner l'attention de sa personne : le plus souvent, ses interlocuteurs réalisent qu'ils ont eu une longue discussion dans laquelle ils ont beaucoup parlé d'eux-mêmes mais n'ont pas appris grand-chose en retour. Cette réserve naturelle – qui n'est pas immédiatement perceptible par les autres – fait passer la Vierge pour quelqu'un de secret, désireuse de parler des problèmes des autres, mais en révélant finalement très peu sur les siens. Si ses amis sont sensibles à cela, aucun problème, mais dans le cas contraire, la Vierge aura l'impression qu'elle n'a aucune espèce d'importance. Pour s'en prémunir, elle doit apprendre à s'ouvrir davantage, et surtout se rappeler que la communication est une voie à double sens.

Les métiers de la Vierge

Œuvrer dans les professions médicales convient bien à la Vierge, qui combine un intérêt pour le corps et son fonctionnement avec cette compassion légèrement détachée propre aux médecins ou aux infirmiers expérimentés. D'autres métiers liés à la santé, tels que pharmacien, nutritionniste, aromathérapeute ou physiothérapeute, sont aussi un moyen très satisfaisant pour la Vierge de prouver son engagement. Son intérêt pour la santé s'étend également à l'étude scientifique des comportements en psychologie ou en psychanalyse, ce qui caractérise les autres étant souvent fascinant pour elle.

L'esprit analytique de la Vierge et son aptitude pour le maniement des chiffres lui serviront idéalement dans une carrière de comptable, de statisticien ou d'analyste de marché. Par ailleurs, son sens du détail exceptionnel ainsi que son utilisation précise des mots conviennent bien aux métiers de l'édition, car ils nécessitent en général une bonne mémoire et une application réfléchie de ses idées. Des compétences qui, combinées à l'art de la critique – qu'il s'agisse de livres, de cinéma ou de sport –, seront profitables à la Vierge, qui a un vrai talent pour l'analyse objective.

Les résonances de la Vierge

La Vierge est aussi consciencieuse dans le choix de ses relations que pour le reste. Le signe du zodiaque qui n'oublie jamais de souhaiter un anniversaire ? Probablement la Vierge. La carte arrivera à l'heure et le cadeau bien choisi sera soigneusement emballé. Le besoin de prévenance et le caractère pratique de la Vierge sont à l'origine de son aura rassurante, et sa manie de vouloir toujours mettre de l'ordre dans le chaos explique qu'elle laisse rarement tomber les autres. Sa représentation en jeune femme chaste est démentie par une sensualité instinctive, mais sa nature réservée et sa propension à vouloir tout contrôler la rendent peu encline à subir des pics émotionnels. La Vierge a besoin de stimulation intellectuelle autant qu'émotionnelle, mais elle réfléchit aussi trop et a du mal à dire ce qu'elle ressent, ce qui explique pourquoi elle est de temps en temps vue comme un peu trop distante.

La femme Vierge

La séduction n'étant pas vraiment son fort, la femme Vierge est assez directe, ce qui peut la faire passer pour quelqu'un d'intense dès la première rencontre. Mais en tant que signe mutable, elle est aussi capable de s'adapter facilement à ses différents partenaires – une fois qu'elle les aura bien étudiés. Énigmatique de prime abord, son air détaché dissimule en réalité un cœur très chaleureux.

FEMMES VIERGE CÉLÈBRES

La beauté froide de Greta Garbo et son désir d'être seule, mère Teresa, les actrices Lauren Bacall, Jennifer Hudson et Salma Hayek, Élisabeth Ire (surnommée la reine vierge), toutes partagent l'intelligence, le dévouement, le discernement et une impression tenace de sentiments profondément enfouis. Sous la carapace de la femme Vierge se cache une passion impénétrable.

L'homme Vierge

Lors du premier rendez-vous, difficile de ne pas penser au cliché du grand brun ténébreux, alors que l'homme Vierge ne fait que mesurer la situation. Mais une fois qu'il vous a dans sa ligne de mire, il aura envie de prouver son amour dans chacun de ses actes. Comme il ne dévoile pas toujours ses sentiments, on ne peut pas vraiment dire de lui qu'il possède une âme sensible.

HOMMES VIERGE CÉLÈBRES

Bruce Springsteen, Keanu Reeves, Idris Elba et Hugh Grant ont tous le regard perçant de l'homme Vierge et nombre de centres d'intérêt en dehors de leur activité principale, comme le prince Harry, le basketteur à la notoriété internationale Kobe Bryant, et les politiciens Bernie Sanders ou John McCain.

Qui aime

qui ?

Vierge & Bélier

La tension est immédiate entre la Vierge prudente et le Bélier impulsif, ce qui peut engendrer un certain malaise émotionnel, même en cas de forte connexion intellectuelle et d'attirance réciproque.

Vierge & Taureau

Le lien est profond entre ces deux signes de terre, avec un goût partagé pour la sensualité, la continuité et l'ordre. Pour eux, bâtir une belle maison est un passage obligé et un pari sur l'avenir ; ils pourront facilement couler des jours heureux ensemble.

Vierge & Gémeaux

Au début, ces deux signes auront une affinité immédiate, mais la Vierge, qui obéit à ses propres règles, aura tendance à trouver la nature du Gémeaux trop imprévisible. Sans prise de recul, cette relation pourra être délicate.

Vierge & Cancer

Il s'agit d'une combinaison sensuelle et affectueuse, qui s'accorde parfaitement à leur besoin mutuel d'harmonie domestique. Le côté protecteur de la Vierge conviendra bien au Cancer sensible, qui lui apportera en retour une impression de sécurité.

Vierge & Lion

L'exubérance du Lion ne colle pas vraiment avec la nature réservée de la Vierge. Se prémunir contre l'excentricité irrite le Lion, qui, par nature, n'épousera pas la situation à moins que tous deux ne procèdent avec soin.

Vierge & Vierge

Avec autant de points communs, ces deux signes bien assortis ont toutes les raisons de s'entendre, dans la chambre à coucher comme en dehors. À condition, toutefois, de ne pas trop tirer la couverture à soi.

Vierge & Scorpion

Même s'ils s'admirent mutuellement, l'esprit hautement logique de la Vierge pourrait se heurter au caractère plus imaginatif du Scorpion, encore que leur profonde loyauté réciproque devrait les aider à surmonter tout conflit.

Vierge & Balance

La retenue inhérente de la Vierge est difficile à appréhender pour la Balance, qui peut l'interpréter comme une rebuffade – même lorsque ce n'est pas le cas –, tandis que la Vierge risque de trouver l'amour de la Balance un peu trop frivole. Une combinaison qui nécessite du doigté.

Vierge & Sagittaire

Ce voyageur téméraire est difficile à comprendre pour la Vierge, qui envisage de s'enraciner. Même avec deux esprits étroitement alignés, les divergences sont susceptibles d'être trop profondes, compte tenu de leurs tempéraments respectifs.

Vierge & Verseau

Bien qu'assez proches intellectuellement, chacun peut se montrer aussi éloigné l'un de l'autre. Les ambitions pratiques de la Vierge ne sont pas très en accord avec l'engagement plus cérébral du Verseau, ce qui pourrait générer des tensions.

Vierge & Poissons

Il y a trop d'obstacles entre eux, car le regard précis de la Vierge bouscule la vision globale du Poissons sur les multiples possibilités de la vie, tandis que la rêverie du Poissons risque d'entrer en conflit avec le pragmatisme de la Vierge.

Vierge & Capricorne

L'harmonie est immédiate entre ces deux signes de terre : ils se respectent dans leur approche conjointe de la vie et de l'amour, et se reconnaissent intuitivement dans leur besoin d'approbation et de réussite.

Amour-o-mètre de la Vierge

Le plus compatible
Scorpion
Capricorne
Cancer
Taureau
Vierge

Son signe

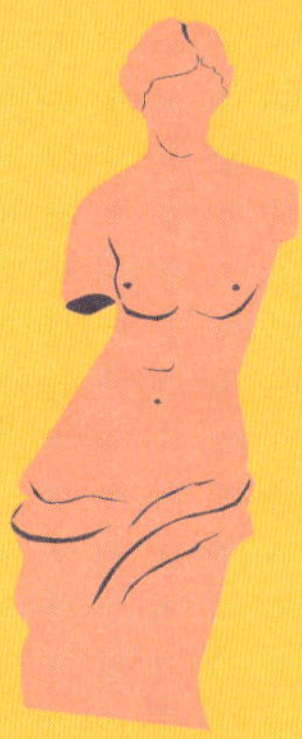

II.

en détail

Dans cette section,
vous approfondirez la façon
dont votre signe solaire pourrait
vous guider ou vous brider,
et découvrirez comment utiliser
cet ensemble de connaissances
pour éclairer votre chemin.

Le foyer de la Vierge

Le foyer de la Vierge est généralement très accueillant, avec un mobilier confortable et une décoration simple, car elle prend beaucoup de plaisir à composer un intérieur facile à vivre, et n'aime rien tant que de pouvoir installer des étagères, peindre des murs ou poser des rideaux. Cette capacité à s'émerveiller peut s'étendre à son talent artistique, avec des menuiseries magnifiquement travaillées, des carreaux de cuisine peints à la main, des impressions sérigraphiées ou encore des peintures. Pour elle, la beauté d'un objet vient autant de son utilité que de la façon dont il s'intègre agréablement dans une pièce. Consciencieuse, adepte des lignes épurées et de belles combinaisons de matériaux, de textures et de couleurs, la Vierge est en recherche constante d'harmonie et de modernité.

La Vierge a la main verte et son amour de la nature la pousse à concevoir son jardin comme une extension de son foyer. Les plantes et herbes médicinales ont aussi toute leur place, même dans des jardinières.

CONSEILS DE BIEN-ÊTRE

- Prévoyez une retraite de fin de semaine pour apprendre la méditation de pleine conscience.
- Dormez plus. Utilisez la célèbre discipline de la Vierge pour vous coucher à l'heure.
- Hydratez-vous suffisamment pour équilibrer votre corps.

Bien-être

Malgré un vif intérêt pour le bien-être, la Vierge se soucie davantage de la santé des autres que de la sienne. Toutefois, elle devrait faire preuve de prudence, car, étant de nature perfectionniste, elle a tendance à brûler la chandelle par les deux bouts. Le surmenage et son entêtement à tout vouloir bien faire sont une combinaison désastreuse qui peut nuire à la santé. Elle pourrait améliorer son bien-être en se mettant en contact avec un ami qui a besoin – tout comme elle – de pratiquer la relaxation. Ainsi, elle se satisferait de deux choses à la fois : épauler quelqu'un et se protéger elle-même.

La gestion du stress devrait être également prioritaire pour la Vierge, stress qui peut être atténué grâce à une combinaison de méthodes permettant de soulager le corps et l'esprit. La fatigue est si souvent ignorée par ce bourreau de travail que ses symptômes peuvent être méconnus et mal interprétés par la Vierge volontiers hypocondriaque. Elle doit, par exemple, prendre conscience qu'un rythme cardiaque élevé n'est pas nécessairement le signe d'une pathologie grave mais parfois le résultat de l'épuisement causé par le manque de sommeil.

LES ESSENTIELS DANS LA CUISINE DE LA VIERGE

* Du chutney de tomates vertes fait maison.
* Des nouilles de riz.
* De la sauce tamari bio sans gluten.

Nourriture et cuisine

La Vierge aime préparer des repas simples avec des ingrédients de haute qualité. Pour elle, la nourriture soutient le corps, donc elle fera attention à ce qu'elle mange, choisissant des aliments sains et des ingrédients qui préservent son système digestif. Les céréales complètes, les graines, les noix, les légumes frais et produits locaux, les œufs fermiers, la viande bio et les poissons issus de productions durables figurent tous dans la liste de courses de la Vierge. Elle peut même opter pour un régime macrobiotique ou végétalien.

La Vierge prend soin de sa cuisine et apprécie les préparations minutieuses. En plus d'être équilibrés, ses plats seront toujours parfaits. La Vierge déteste jeter, de sorte que ses compétences culinaires serviront aussi à accommoder les restes de la veille. Un délicieux pâté chinois ou de la moussaka ? L'agneau maison de dimanche dernier, haché et agrémenté dans un plat, ne sera définitivement pas perdu.

CONSEILS FINANCIERS

- Constituez un petit fond d’épargne pour vos loisirs.
- Consulter un expert financier peut se révéler utile, même la Vierge ne peut pas tout savoir.
- Investir dans la pierre permet de garder les pieds sur terre, mais n’hésitez pas explorer d’autres voies.

Comment la Vierge gère l'argent

Parce qu'elle a tendance à travailler de manière acharnée et à se montrer très prudente, les risques que la Vierge peut prendre avec l'argent sont généralement étudiés avec soin. Elle n'investira jamais de manière irréfléchie, ne montrera aucune espèce d'intérêt pour les monnaies virtuelles ou les systèmes pyramidaux, et ne se livrera pas à de la spéculation financière sans avoir bénéficié de conseils approfondis. La Vierge pensait probablement déjà à sa pension de retraite dès l'âge de vingt ans et envisage plutôt de travailler pour sa sécurité financière. Elle préférera toujours investir sur le long terme en prenant des précautions sur le plan financier, même si ce n'est pas vraiment quelque chose qui l'inquiète, car elle est du genre à faire attention aux petits caractères situés en bas du contrat. En raison de sa prévoyance, les jeux de hasard n'ont aucun sens pour elle. En effet, il n'existe pas de garantie de retour et les chances de gagner au loto sont si minces que la Vierge ne gaspillera pas son argent. À la limite, un pari modeste sur un cheval qui porte le nom de sa grand-mère le jour du tiercé, mais c'est à peu près tout.

La Vierge et la hiérarchie

La Vierge pourrait se sentir frustrée par la façon dont son patron travaille, pensant qu'elle est probablement capable de mieux faire. Même si cela était vrai, il est préférable de ne pas se bercer d'illusions ; en dépit de l'efficacité de la Vierge, il y a sûrement, chez l'autre, plus de travail qu'elle ne croit. À la rigueur, la Vierge devrait suggérer avec tact d'autres façons de faire, certainement étayées par des recherches scrupuleuses afin d'appuyer son point de vue. C'est donc une bonne chose que ce signe soit gouverné par Mercure, car cela peut l'aider à faire preuve de diplomatie. Cela dit, comme il est difficile de prévoir à l'avance la réaction de son patron, apprendre à tourner sa langue sept fois dans sa bouche avant de parler est encore la meilleure solution.

Toutefois, la plupart des patrons apprécient la méticulosité de la Vierge, ce qui fait qu'ils ont tendance à lui donner toujours plus de travail – elle s'accommode volontiers de la pression –, même si elle risque de se laisser déborder après s'être vantée de pouvoir gérer tout ce qui lui a été confié. La Vierge doit donc se prémunir en s'assurant d'obtenir une reconnaissance et une rémunération adéquates.

COMMENT SE METTRE LE PATRON DANS LA POCHE

- Apportez toujours des commentaires et des critiques en mettant davantage l'accent sur la solution.
- Soyez très clair lorsque les exigences dépassent les missions d'origine de votre travail.
- Envisagez d'être votre propre patron : la Vierge adore avoir le contrôle absolu.

CONSEILS POUR UNE VIE PLUS FACILE

* Une rotation des tâches domestiques aidera à l'organisation de chacun.
* Attendez qu'on vous demande des conseils avant d'en donner.
* Vous rangez mieux la vaisselle que tout le monde ? Rappelez-vous que ce n'est pas un motif de rupture.

Vivre avec la Vierge

Ce côté pratique et attentionné devrait faire de la Vierge le colocataire idéal, non ? Détrompez-vous, dans certains cas, la nature organisationnelle de la Vierge n'est pas facile à vivre. Certes, son esprit est bien ordonné : elle peut toujours avoir l'air soigné, la baignoire est étincelante et vous ne trouverez pas de nourriture moisie dans le réfrigérateur… Mais sa chambre peut se montrer aussi chaotique que celle d'un adolescent. Alors que son besoin d'ordre est primordial dans certains domaines, ses sentiments peuvent l'emporter dans d'autres, et se défaire d'effets personnels n'est pas toujours simple.

Où et avec qui elle vit est sans aucun doute important pour la Vierge, même si elle ne se montrera pas très loquace sur ce sujet. Sa nature réservée implique qu'elle ne dira pas ce que ses colocataires ou ses partenaires signifient pour elle, mais elle sera la première, en revanche, à prouver son engagement par des actes. Elle apprécie aussi les discussions sans fin sur la politique, de colporter les derniers potins sur les célébrités à la mode et prêter une oreille attentive et amicale aux soucis de ses colocataires jusqu'aux petites heures du matin.

Comment gérer une rupture

La Vierge n'est pas vraiment du genre à s'accrocher et peut même sembler relativement stoïque. Malgré tout, elle est souvent stupéfaite quand vient le moment de la rupture, car, comme pour tout le reste, elle estime qu'elle aurait pu y remédier. Elle a également tendance à rationaliser et à enfouir ses sentiments au plus profond pour se protéger, il n'est donc pas toujours facile de voir combien elle a été touchée. Si elle est à l'origine de la rupture, la Vierge ne le fera jamais sans une très bonne raison – mais cela sera plus évident pour elle que pour son ex.

Sous pression, l'instinct de la Vierge la pousse à vouloir contrôler la situation – quel que soit le côté d'où provient la rupture –, ce qui peut potentiellement aggraver la situation. Mieux vaut laisser les choses aller à leur rythme.

CONSEILS POUR UNE RUPTURE PLUS DOUCE

- Cessez d'analyser : souvenez-vous des bons moments et passez à autre chose.
- Bien que cela ne soit pas facile, confiez-vous à un ami.
- N'oubliez pas qu'il n'est pas toujours possible de mieux « penser » les choses.

Comment la Vierge désire être aimée

La retenue de soi inhérente à la Vierge lui rend la tâche difficile lorsqu'il s'agit de réclamer toute l'affection dont elle a besoin, même si elle est capable de ressentir un amour très profond. Par conséquent, la Vierge peut se sentir meurtrie dans sa chair lorsque sa douce réserve – ou son regard pratique vis-à-vis de l'amour – est interprétée à tort comme du rejet, bien qu'il soit peu probable qu'elle l'avoue. Ce n'est que lorsque la Vierge se sentira suffisamment aimée qu'elle pourra baisser les armes en révélant son côté vulnérable et plus passionné. Ce n'est pas toujours facile pour elle, car nombre de ses amants potentiels craignent surtout de mal faire après le premier pas. En réalité, la Vierge déteste heurter les sentiments et ne s'en rend pas toujours compte lorsque cela arrive, simplement parce qu'elle est bien trop logique. Franchir cette barrière exigera beaucoup de patience de la part de ses futurs partenaires.

Une autre raison pour laquelle il faut prendre son mal en patience avec la Vierge provient de ce qu'elle a besoin d'évaluer toutes les raisons, preuves et faits concrets qui pourraient indiquer que vous êtes la bonne personne. C'est pourquoi elle a tendance à se montrer pointilleuse, voire exigeante, avec une liste de considérations qui peuvent sembler superficielles aux yeux des autres signes – alors que pour la Vierge raisonnable, il s'agit tout simplement de bon sens ! Portez une paire de chaussettes mal assorties et vous ne mériterez peut-être pas d'être pris au sérieux, même si elle vous adore.

Lorsque l'inclination de la Vierge à parfois trop analyser les choses se transforme en une réflexion excessive, elle devient son pire ennemi. C'est alors que son approche hyper logique risque d'entraver son besoin de faire des compromis pour obtenir ce qu'elle désire, c'est-à-dire d'être aimée passionnément par quelqu'un capable de voir au-delà des restrictions qu'elle s'impose. Néanmoins, parce qu'elle est aussi un signe assez flexible, elle essaiera toujours d'évoluer une fois bien accompagnée.

CONSEILS POUR AIMER LA VIERGE

- Faites preuve de patience : la prise de distance peut masquer de l'insécurité et non un manque d'intérêt.
- Les actes comptent autant que les mots pour percer la carapace de la Vierge.
- Prenez votre temps, tout est question de romance.

La vie sexuelle de la Vierge

Comme vous pouviez vous y attendre de la part d'un signe qui aime tout planifier, ses partenaires se sentiront choyés par le souci du détail de la Vierge. Oui, en tant que signe mutable, elle peut aussi agir spontanément et sans entrave, même si elle préférera toujours gérer les choses à sa manière. Mais quand le plaisir est en jeu, ça vaut bien la peine de faire des efforts, non ? Mais il y a une grande différence entre se donner un peu de mal et donner des instructions sous la couette ; parfois, la Vierge ferait mieux de se taire.

Cet instinct qui la pousse à se livrer à 100 % à ses partenaires fait de la Vierge un amant sensible, du moins tant qu'elle est capable de résister à son processus de vérification mentale et de s'abandonner dans l'instant. La Vierge doit également se souvenir que, en matière d'amour, recevoir du plaisir est aussi important que d'en donner, et la chambre à coucher est un endroit où la perfection n'a pas vraiment de valeur parce qu'il s'agit avant tout de confiance et de partage. Quoi qu'il en soit, plus la Vierge se sentira en sécurité dans une relation, plus elle se détendra facilement au lit, dans l'attente que la magie érotique puisse opérer.

En
III.

savoir plus

Le signe solaire ne dévoile
qu'une petite partie de
la personnalité d'un individu.
Dans cette section,
vous apprendrez à décoder
les nuances de votre
thème natal et découvrirez
un nouveau niveau de
compréhension astrologique.

Votre thème natal

Votre thème natal est l'instantané d'un moment particulier, dans un lieu spécifique, à l'instant précis de votre naissance et vous est donc totalement personnel. Il est comme un plan, une photographie, une déclaration d'occurrence, qui énonce les traits et les influences possibles – mais il ne s'agit pas de votre destin. Le thème natal est une carte symbolique à laquelle vous pouvez vous référer, fondée sur la position des planètes lors de votre naissance. Si vous ne pouvez pas vous rendre chez un astrologue, de nos jours il est possible de consulter son thème natal en quelques minutes en ligne (voir page 108 pour une liste des sites et applications). Même si vous ne connaissez pas l'heure exacte de votre naissance, connaître la date et le lieu permet de poser les prémices d'un modèle utile.

Rappelez-vous, rien n'est intrinsèquement bon ou mauvais en astrologie et il n'y a pas d'annonce explicite ou de prévision : il s'agit plutôt d'influences et de la façon dont celles-ci pourraient se manifester positivement ou négativement. Et si nous maîtrisons les outils avec lesquels nous pouvons effleurer, voir ou interpréter les opportunités et notre environnement, cela nous donne une base sur laquelle travailler.

Lorsque vous examinez votre thème natal, il est nécessaire de comprendre d'abord la nature des données à votre disposition : non seulement les signes astrologiques et ce qu'ils représentent, mais aussi les dix planètes mentionnées en astrologie et leurs caractéristiques individuelles, ainsi que les douze maisons et leur signification. Pris séparément, ces mécanismes astrologiques sont, certes, d'un intérêt limité, mais lorsque vous commencez à saisir comment ils peuvent se juxtaposer, le schéma d'ensemble devient beaucoup plus intelligible et nous commençons à obtenir des informations qui peuvent nous être utiles.

D'une manière générale, chacune des planètes suggère un type d'énergie différent, les signes astrologiques indiquent les différentes façons dont cette énergie pourrait s'exprimer, tandis que les maisons représentent des domaines d'expérience dans lesquels cette expression pourrait opérer.

Ensuite, la position des signes se situe en quatre points clés : l'ascendant et son opposé, le descendant ; puis le milieu du ciel (MC pour *medium coeli*) et son opposé, le fond du ciel (IC pour *imum coeli*), sans oublier les différents aspects générés par les congrégations de signes et de planètes.

Il est maintenant possible de voir à quel point la lecture d'un thème natal peut être subtile et combien elle est à la fois infinie dans sa variété et très spécifique à un individu. Avec ces informations et une compréhension pratique de la signification symbolique et des influences des signes, des planètes et des maisons de votre profil astrologique unique, vous pouvez commencer à utiliser ces outils pour vous aider dans vos prises de décision et bien d'autres aspects de votre vie.

Lire votre thème

Si vous avez préparé votre thème natal, soit à la main, soit sur un site en ligne, vous verrez un cercle divisé en douze segments, avec des informations regroupées en différents points indiquant la position de chaque signe du zodiaque, les segments sur lesquels ils apparaissent et à quel degré. Quelles que soient les caractéristiques pertinentes pour l'individu, chaque thème suit le même schéma en matière d'interprétation.

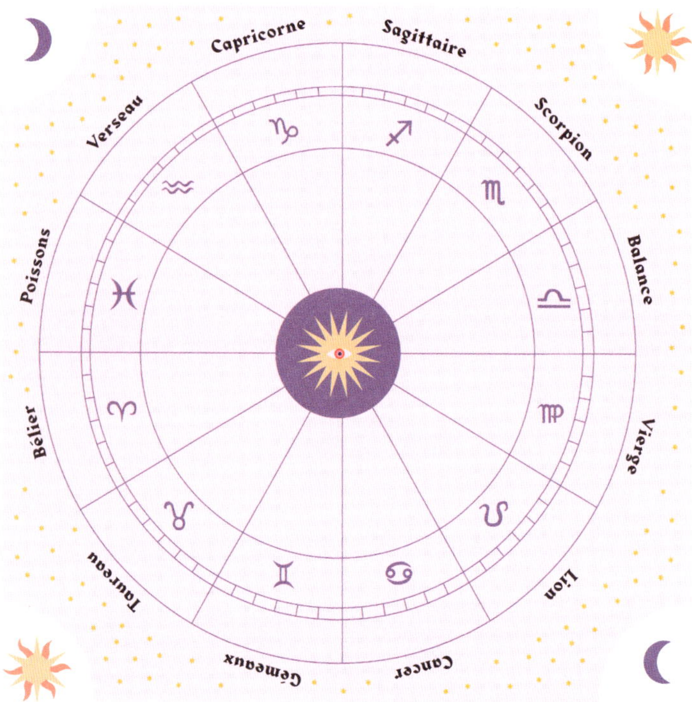

Compte tenu de l'heure, du lieu de naissance et de la position des planètes à ce moment, le thème natal, parfois appelé thème astral, est dressé.

Si vous considérez la roue du zodiaque comme un cadran d'horloge, la première maison (voir pages 95-99 pour les maisons astrologiques) commence au neuf, et il faut ensuite lire le thème dans le sens inverse des aiguilles d'une montre au fil des douze segments du graphique. Le point de départ, le neuf, est également le point correspondant au signe et au degré qui se trouvaient au-dessus de l'horizon oriental au moment exact de votre naissance, vous donnant votre ascendant. En face, sur le trois du cadran de l'horloge, se trouve votre signe descendant. Le milieu du ciel de votre thème est au douze, et son opposé, l'IC, au six (voir pages 101-102).

Saisir la signification des signes astrologiques et des planètes, leurs énergies particulières, leurs emplacements et leurs aspects les uns par rapport aux autres peut être très utile pour mieux se positionner et démêler nos rapports avec les autres.

Dans la vie de tous les jours, la configuration changeante des planètes et de leurs effets est beaucoup plus facile à interpréter avec une connaissance élémentaire de l'astrologie, tout comme les schémas récurrents qui peuvent parfois renforcer ou retarder les opportunités et les possibilités. Travailler avec ces tendances, plutôt que contre, peut simplifier la vie et la rendre plus prospère.

L'influence de la Lune

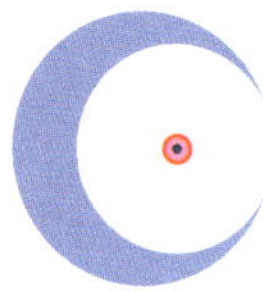

Si votre signe solaire représente votre conscience, votre force vitale et votre volonté individuelle, la Lune représente cet aspect de votre personnalité que vous avez tendance à dissimuler. C'est le domaine de l'instinct, de l'intuition, de la créativité et de l'inconscient, qui peut vous emmener émotionnellement dans des endroits parfois difficiles à appréhender. C'est ce qui confère une subtilité et de la nuance bien au-delà de son signe solaire. Vous pouvez ainsi avoir votre Soleil en Vierge avec ce que cela comporte, contrebalancé par une Lune en Poissons imaginative et mystérieuse ; ou vous pouvez avoir votre Soleil en Taureau, mais une Lune en Verseau avec tout le détachement rebelle et émotionnel que cela implique.

Les phases de la Lune

La Lune effectue une révolution complète autour de la Terre en vingt-neuf jours environ. Sa surface à un moment donné est déterminée par la quantité de lumière du Soleil qu'elle réfléchit, ce qui nous donne l'impression qu'elle croît et décroît dans le ciel. Jour après jour, la Lune réfléchit de plus en plus de lumière et passe du premier croissant au premier quartier ; puis à la lune gibbeuse croissante, suivie de la phase de pleine lune. Ensuite, la lune commence à décroître avec la lune gibbeuse décroissante jusqu'au dernier quartier, avant que le cycle ne recommence. Les phases de la lune se déroulent sur quatre semaines. Lorsque nous avons deux pleines lunes au cours d'un mois civil, la seconde est appelée lune bleue. Chaque mois, la Lune se déplace également à travers un signe astrologique, comme nous pouvons le constater par le biais du thème natal. Un mouvement qui apporte des informations – une Lune en Scorpion peut avoir une action très différente d'une Lune en Capricorne –, et selon son propre thème natal, elle peut avoir une influence changeante chaque mois. Par exemple, si la Lune dans votre thème est en Vierge, alors lorsque la véritable Lune va se déplacer en Vierge, elle aura un rayonnement supplémentaire. Consultez les caractéristiques des signes du zodiaque pour plus d'informations (voir pages 12-17).

Le cycle de la Lune a une portée énergétique dont l'effet est assez facilement vérifiable sur les marées océaniques. En astrologie, parce que la Lune est un symbole de fertilité en accord avec notre psychologie profonde, elle est souvent utile pour nous aider à nous concentrer de manière créative sur les aspects les plus importants de notre vie.

Les éclipses

De manière générale, une éclipse correspond à l'occultation d'une source de lumière par un objet physique. Astrologiquement parlant, cela dépendra de la position du Soleil ou de la Lune par rapport aux autres planètes. Donc, si une éclipse solaire est en Gémeaux, il y aura forcément une influence géminienne ou un impact sur le Gémeaux.

Éclairer ou jeter un voile sur un pan de notre existence est comme une invitation à y prêter davantage attention. Les éclipses marquent généralement un début ou une fin, c'est pourquoi nos ancêtres les considéraient comme des présages, des événements importants. Comme il est possible de savoir quand une éclipse va se produire, celles-ci sont cartographiées astronomiquement ; par conséquent, leur signification astrologique peut être évaluée et traitée par avance.

Les dix planètes

En matière d'astrologie (contrairement à l'astronomie, où le Soleil, par exemple, est une étoile), on distingue dix planètes, et chaque signe astrologique est gouverné par une planète maîtresse. Mercure, Vénus et Mars sont assignées à deux d'entre eux. Les planètes ont une importance fondamentale car leur énergie psychique influence le caractère d'une personne. Ainsi, la connaissance des caractéristiques de chaque planète permet de compléter et interpréter le thème natal.

La Lune

Cet astre à la fois opposé au Soleil et formant un duo avec lui (les luminaires) représente la part féminine. La Lune symbolise le contrôle et la réceptivité, elle est à l'origine de nos réactions instinctives et sentimentales.

Gouverne le signe du Cancer.

Le Soleil

Le Soleil représente la part masculine et est considéré comme l'énergie à l'origine de la vie, ce qui suggère une dynamique paternelle dans notre thème natal. Il symbolise également l'ego, notre moi social, et notre raison d'être.

Gouverne le signe du Lion.

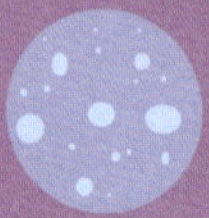

Mercure

Mercure est la planète du discours et symbolise notre envie de donner un sens à nos pensées, de comprendre et de communiquer par des mots.

Gouverne les signes du Gémeaux et de la Vierge.

Vénus

La planète de l'amour est associée à l'attraction, à la connexion et au plaisir. Dans un thème féminin, elle symbolise le style de féminité, tandis que dans un thème masculin, elle représente le partenaire idéal.

Gouverne les signes du Taureau et de la Balance.

Mars

Cette planète symbolise l'énergie pure (Mars étant, après tout, le dieu de la guerre) mais elle indique aussi dans quels domaines vous êtes le plus susceptible de vous affirmer, d'être agressif ou de prendre des risques.

Gouverne les signes du Bélier et du Scorpion.

Saturne

Saturne est parfois comparée à un vieux sage ou au maître d'œuvre de l'astrologie, symbolisant les leçons apprises et leurs limites ; nous montrant la valeur de la détermination, de la ténacité et de la résilience.

Gouverne le signe du Capricorne.

Jupiter

Jupiter est la plus grande planète de notre système solaire ; elle symbolise la générosité et la bienveillance, et, par conséquent, tout ce qui est expansif et jovial. Comme le signe qu'elle gouverne, elle pousse au voyage et à l'exploration.

Gouverne le signe du Sagittaire.

Uranus

Cette planète symbolise l'inattendu, les nouvelles idées et l'innovation ; le besoin de démolir l'ancien et de bâtir le nouveau. Elle peut aussi marquer une incapacité à s'intégrer et donc le sentiment d'être un étranger.

Gouverne le signe du Verseau.

Pluton

Alignée sur Hadès (*Pluto* en latin), le dieu des Enfers et de la mort, cette planète symbolise une forte puissance se trouvant sous la surface et qui, dans sa forme la plus négative, peut représenter des obsessions et des comportements compulsifs.

Gouverne le signe du Scorpion.

Neptune

Liée à l'élément de l'eau, elle est en relation avec tout ce qui est trop profond pour être vu clairement. Sensible, intuitive et artistique, Neptune symbolise également la capacité d'aimer inconditionnellement, de pardonner et d'oublier.

Gouverne le signe du Poissons.

Les quatre éléments

Les douze signes du zodiaque sont divisés en quatre éléments fondamentaux : la terre, le feu, l'air et l'eau, qui apportent de nouvelles caractéristiques. Ils proviennent de la médecine antique, où le corps était considéré comme composé de fluides corporels ou « humeurs ». Ces quatre humeurs – sang, bile jaune, bile noire (atrabile) et phlegme (pituite) – correspondaient aux quatre tempéraments – sanguin, colérique, mélancolique et flegmatique –, aux quatre saisons de l'année – printemps, été, automne, hiver – et aux quatre éléments.

Liées à l'astrologie, ces qualités symboliques éclairent davantage les nombreux attributs des différents signes. Carl Jung les a également utilisés en psychologie – ce qu'il a défini comme des « archétypes » –, et nous décrivons parfois les autres comme étant « dans leur élément ». En astrologie, les signes solaires qui partagent le même élément sont censés éprouver une affinité ou une compréhension mutuelle.

Dans tous les domaines, il existe du positif et du négatif, et prendre également conscience de ces « parts sombres » peut être utile pour la connaissance de soi et de ce qu'il est possible d'améliorer ou d'équilibrer, en particulier dans nos rapports avec les autres.

L'air

GÉMEAUX ✱ BALANCE ✱ VERSEAU

Le monde des idées est un domaine où ces signes aériens excellent. Intuitifs, visionnaires et capables d'apprécier une image dans son ensemble, les signes d'air ont une facilité à analyser la situation. Trop d'air, cependant, peut dissiper les intentions, donc le Gémeaux peut se montrer indécis, la Balance a tendance à demeurer ambiguë, tandis que le Verseau peut se désengager.

Le feu

BÉLIER ✱ LION ✱ SAGITTAIRE

On trouve beaucoup de chaleur et d'énergie dans ces signes ; une approche positive de la vie, de la spontanéité et de l'enthousiasme qui peuvent être très inspirants et motivants pour les autres. L'inconvénient est que le Bélier risque de se précipiter tête la première, le Lion peut avoir un grand besoin d'attention et le Sagittaire une tendance à ne pas respecter ses promesses.

La terre

TAUREAU ✸ VIERGE ✸ CAPRICORNE

De façon assez notable, ces signes jouissent des plaisirs sensuels, savourant la nourriture et d'autres satisfactions physiques. Optant pour le pragmatisme, ils préfèrent se fonder sur des faits. L'inconvénient est que le Taureau peut être têtu, la Vierge se montre parfois pointilleuse et le Capricorne peut s'installer dans un conservatisme obstiné.

L'eau

CANCER ✸ SCORPION ✸ POISSONS

Les signes d'eau sont réactifs, comme le flux et le reflux de la marée, et peuvent se révéler très perspicaces et intuitifs, parfois même de manière étrange, en raison de leur capacité à ressentir. L'inconvénient est une certaine propension à se sentir submergé, puisque le Cancer est à la fois tenace et auto-protecteur, le Poissons insaisissable et le Scorpion imprévisible et intense.

Signes cardinaux, fixes et mutables

En plus de leur répartition en quatre éléments, les douze signes sont regroupés en trois subdivisions, selon lesquelles leurs énergies peuvent agir ou réagir, donnant plus de profondeur aux caractéristiques de chaque signe.

Cardinaux

BÉLIER * CANCER * BALANCE * CAPRICORNE

Ils sont liés à des planètes d'action et dotés d'une énergie qui leur permet de prendre l'initiative. Le Bélier a la vision, le Cancer les sentiments, la Balance les contacts et le Capricorne la stratégie.

Fixes

TAUREAU ✸ LION ✸ SCORPION ✸ VERSEAU

Plus lents mais plus déterminés, ces signes travaillent à maintenir les projets que les signes cardinaux ont initiés. Le Taureau offre le confort physique, le Lion la fidélité, le Scorpion le soutien émotionnel et le Verseau des conseils judicieux. Vous pouvez compter sur les signes fixes, même s'ils ont tendance à résister au changement.

Mutables

GÉMEAUX ✸ VIERGE ✸ SAGITTAIRE ✸ POISSONS

Flexibles aux nouvelles idées, endroits et personnes, les signes mutables ont une capacité unique à s'adapter à leur environnement. Le Gémeaux est mentalement agile, la Vierge est pratique et polyvalente, le Sagittaire visualise les possibilités et le Poissons est sensible au changement.

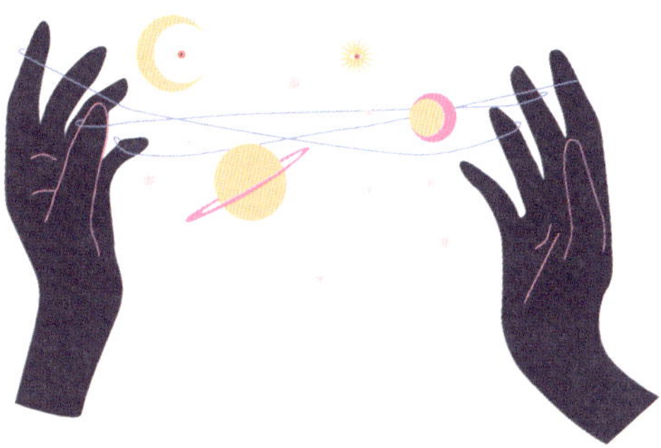

Les douze maisons

Le thème natal est divisé en douze maisons figurant des secteurs distincts et des domaines de l'existence. Quand on dit que vous avez quelque chose dans une maison spécifique – par exemple, la Balance (l'équilibre) dans la cinquième maison (la créativité et le sexe) –, cela permet d'interpréter les influences qui peuvent survenir et qui sont propres à la façon dont vous gérez votre vie.

Chaque maison se rapporte à un signe solaire, et chacune est représentée par certaines des caractéristiques de ce signe, qui illustre en quelque sorte son autorité naturelle.

Trois de ces maisons sont considérées comme mystiques, liées à notre monde intérieur et psychique : la quatrième (le foyer), la huitième (la renaissance), la douzième (les secrets).

1re Maison

L'EGO

GOUVERNÉE PAR LE BÉLIER

Cette maison symbolise l'ego : vous, qui vous êtes et comment vous vous représentez, vos goûts, vos aversions et votre philosophie de la vie. Elle représente aussi la manière dont vous vous voyez et ce que vous voulez.

2e Maison

LES POSSESSIONS

GOUVERNÉE PAR LE TAUREAU

La deuxième maison symbolise vos biens, ce que vous possédez, y compris l'argent ; comment vous gagnez ou vous procurez vos revenus ; votre sécurité matérielle et les choses physiques que vous emportez avec vous au cours de votre vie.

3e Maison

LA PENSÉE

GOUVERNÉE PAR LE GÉMEAUX

Cette maison parle de communication et d'état d'esprit ; principalement de la façon dont vous vous exprimez. Il s'agit également de la manière dont vous fonctionnez au sein de votre famille, dont vous vous rendez en cours ou au travail, dont vous pensez, parlez, écrivez et apprenez.

4e Maison

LE FOYER

GOUVERNÉE PAR LE CANCER

Cette maison se rapporte à vos racines et à votre foyer, présents, passés et futurs. Elle concerne donc à la fois votre enfance et votre vie privée, ainsi que la sécurité de votre foyer et ce que cela représente pour vous.

5e Maison

LA CRÉATIVITÉ

GOUVERNÉE PAR LE LION

Présentée comme la maison de la créativité et du jeu, elle inclut également le sexe, l'envie créative et la libido sous toutes ses formes. Il est aussi question de spéculer sur la finance, l'amour, le plaisir, l'affection et les affaires de cœur.

6e Maison

LA SANTÉ

GOUVERNÉE PAR LA VIERGE

Cette maison est liée à la santé : notre propre santé physique et émotionnelle ; mais aussi à la santé de ceux dont nous nous soucions, sur lesquels nous veillons ou à qui nous apportons un soutien.

7e Maison

LES RELATIONS

GOUVERNÉE PAR LA BALANCE

Opposée à la première maison, elle reflète les objectifs partagés et les partenariats intimes, notre choix de partenaire de vie et le succès de nos relations. Elle concerne tout autant les associés et les adversaires du monde professionnel.

8e Maison

LA RENAISSANCE

GOUVERNÉE PAR LE SCORPION

La mort, la régénération et la transformation spirituelle : cette maison évoque également les questions d'héritage dans les traits de personnalité ou matériellement. Et parce que la renaissance implique le sexe, elle traite aussi des émotions sexuelles.

9e Maison

LE VOYAGE

GOUVERNÉE PAR LE SAGITTAIRE

La maison du voyage et de l'exploration ; elle reflète l'ouverture d'esprit que le lointain peut apporter et la façon dont cela peut s'exprimer. Elle parle également de pensée abstraite, qu'elle soit issue d'une réflexion ou d'une publication.

10e Maison

LES ASPIRATIONS

GOUVERNÉE PAR LE CAPRICORNE

Elle représente nos aspirations et notre statut, tout ce qui concerne la vie publique, nos ambitions, notre image et les objectifs que nous aimerions atteindre à la faveur de nos efforts.

11e Maison

LES AMITIÉS

GOUVERNÉE PAR LE VERSEAU

La onzième maison concerne tant les amis et les connaissances que les projets et les idées ; moins la satisfaction immédiate et davantage les rêves à long terme et comment ceux-ci pourraient se réaliser grâce à notre capacité à travailler en harmonie avec les autres.

12e Maison

LES SECRETS

GOUVERNÉE PAR LE POISSONS

Considérée comme la maison la plus spirituelle, elle est aussi la maison de l'inconscient, des secrets et du « cadavre dans le placard ». Elle évoque également la façon dont nous pourrions nous auto-saboter ou gâcher nos propres tentatives en ne les sondant pas suffisamment.

L'ascendant

Aussi qualifié de « signe ascendant », c'est le signe du zodiaque qui apparaît à l'horizon lorsque l'aube se lève le jour de votre naissance, selon le lieu et l'heure. C'est pourquoi connaître votre heure de naissance est un facteur très utile en astrologie, car votre signe ascendant fournit de nombreuses informations sur les aspects de votre personnalité les plus perceptibles, par exemple votre façon de vous présenter ou d'être vu par les autres. Donc, si votre signe solaire correspond à la Vierge mais que votre ascendant est le Cancer, vous serez considéré comme quelqu'un de maternel, avec un attachement notable à la vie domestique d'une manière ou d'une autre. Connaître votre propre ascendant – ou celui d'une autre personne – aidera souvent à expliquer pourquoi il ne semble pas y avoir parfois de corrélation directe entre la personnalité et le signe solaire.

Lorsque vous connaissez votre heure et votre lieu de naissance, il est très facile de déterminer votre ascendant à l'aide d'un site ou d'une application en ligne (voir page 108). Demandez simplement à l'un de vos parents ou à un autre membre de la famille, ou encore vérifiez votre acte de naissance (dans les pays qui précisent l'heure de naissance). Le thème natal étant semblable à un cadran d'horloge, l'ascendant se trouve sur le neuf.

Le descendant

Le descendant donne un indice sur le partenaire de vie possible, fondé sur l'idée que les contraires s'attirent. Une fois que vous connaissez votre ascendant, le descendant est facile à trouver car il est toujours à six signes de distance : par exemple, si votre ascendant est Vierge, votre descendant est Poissons. Le thème natal étant semblable à un cadran d'horloge, le descendant se trouve sur le trois.

Le milieu du ciel (MC)

Le milieu du ciel ou MC (du latin *medium coeli*) est également inclus dans votre thème natal, et indique votre attitude envers le travail, vos carrière et statut professionnel. Le thème natal étant semblable à un cadran d'horloge, le milieu du ciel se trouve sur le douze.

Le fond du ciel

Votre fond du ciel ou IC (du latin *imum coeli*) évoque votre conduite à l'égard de votre foyer et famille, et est aussi lié à la fin de votre vie. Votre IC se situe à six signes de votre MC : par exemple, si votre MC est Verseau, votre IC sera Lion. Le thème natal étant semblable à un cadran d'horloge, l'IC se trouve sur le six.

Le retour de Saturne

Saturne est l'une des planètes les plus lentes du système solaire, puisqu'elle met environ vingt-neuf ans pour revenir à la place qu'elle occupait dans le ciel au moment de votre naissance. Ce transit peut durer entre deux et trois ans et être particulièrement tangible aux environs de la période qui couvre vos trentième et soixantième anniversaires.

Parce que l'énergie de Saturne est parfois perçue comme contraignante, ce n'est pas toujours un passage facile à vivre. Bien que son influence soit ressentie comme pondérée ou éprouvante, certains voient dans le retour de Saturne un « mal pour un bien », à la manière d'un enseignant rigoureux chargé de nous montrer le chemin.

Tout le monde est capable d'expérimenter le retour de Saturne en fonction de sa situation et de ses besoins. Il représente souvent l'occasion de faire le point, de lâcher tout ce qui vous encombre, de réviser vos attentes et de penser davantage aux choses que vous aimez. Donc, si vous vous apprêtez à traverser cette période, vivez-la pleinement et travaillez de concert avec elle parce que ce que vous apprendrez – surtout à propos de vous-même – est chaque fois un moment gratifiant, si turbulent soit-il. Et cela pourrait bien porter ses fruits quant à la façon dont vous envisagerez les trente années suivantes !

Mercure rétrograde

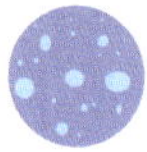

Même ceux qui s'intéressent peu à l'astrologie sont au courant lorsque la planète Mercure rétrograde. Astrologiquement parlant, les rétrogrades sont des périodes où les planètes sont stationnaires mais, alors que nous continuons à avancer, elles semblent « reculer ». Il y a comme une aura de mystère qui entoure la période rétrograde, et il est parfois difficile de savoir si une planète ralentit ou au contraire accélère, ce qui peut être un rien déroutant. De manière générale, le conseil est de ne pas prendre de décision importante liée aux moyens de communication durant une phase rétrograde. Si la décision est déjà prise, sachez qu'elle est susceptible de changer.

Puisque Mercure est la planète de la communication, il est aisé de comprendre pourquoi lorsqu'elle rétrograde, par exemple, votre courrier se perd ou votre ordinateur tombe en panne. Par ailleurs, cela peut affecter vos déplacements, avec des retards sur les vols ou les horaires des trains, des embouteillages, voire des collisions. Mercure influence également les communications personnelles : écouter, parler, être entendu (ou non) sont autant de sources de confusion ou de dispute. Cela peut aussi concerner des accords plus formels, comme un contrat entre un acheteur et un vendeur.

Ces périodes rétrogrades se produisent trois ou quatre fois par an et s'étalent sur environ trois semaines. Les intervalles durant lesquels elles se déroulent se rattachent en outre à un signe astrologique spécifique. Si, par exemple, Mercure rétrograde entre le 25 octobre et le 15 novembre, son influence sera liée aux attributs du Scorpion. De plus, ceux dont le thème natal réserve une place plus large au Scorpion peuvent également ressentir un effet manifeste.

Pour savoir à l'avance lorsque Mercure rétrograde, il suffit de consulter des tables astronomiques, aussi appelées éphémérides. Celles-ci peuvent être utilisées afin d'éviter de planifier un événement important durant cette période. La façon dont cela pourrait vous affecter plus personnellement nécessite toutefois une bonne connaissance de votre thème natal et une compréhension plus spécifique des combinaisons d'influences entre les signes et les planètes.

S'il n'y a absolument rien d'insurmontable, néanmoins sachez que des problèmes pourront toujours survenir – dans une certaine mesure –, alors attendez-vous à des retards et n'hésitez pas à tout vérifier deux fois. Restez positif en cas de report et profitez de cette période pour ralentir un peu et reconsidérer certaines idées dans votre entreprise ou dans votre vie personnelle. Utilisez ce temps à bon escient pour corriger des erreurs ou remodeler des plans, et préparez-vous à avancer de nouveau plus facilement le moment venu.

Pour aller plus loin

À lire

ABC de l'astrologie (1983), Danièle de Caumon, Jacques Grancher éditeur

Décryptez votre thème astral (2019), Julie Gorse, Hachette

Jung's Studies in Astrology (2018), Liz Greene, RKP

L'Astrologie (2008), Didier Colin, Hachette Pratique

L'Astrologie pour les nuls (2005), Rae Orion, First Éditions

Le Langage secret de l'astrologie (2013), Roy Gillett, Hors Collection

Pratique d'interprétation du thème astral (1996), Stephen Arroyo, Éditions du Rocher

Sites internet

astro.alwaysdata.net

astro.com/horoscope/fr

astrotheme.fr

passion-astrologue.com

pleiade-astrologique.net

Applications

Astrostyle

Chaturanga

Co-Star

The Daily Horoscope

The Pattern

Time Passages

Remerciements

Un merci tout particulier à ma fidèle équipe de Taureaux. Tout d'abord, à Kate Pollard, directrice de publication chez Hardie Grant, pour sa passion des beaux livres et pour la commande de cette série. À Bex Fitzsimons pour son travail de révision bon enfant et consciencieux. Et, enfin, à Evi O. Studio, dont les talents d'illustration et de design ont fait vivre toutes ces petites œuvres d'art. Avec une si belle équipe, ces livres ne pouvaient que resplendir, et pour cela, merci.

À propos de l'auteure

Stella Andromeda étudie l'astrologie depuis plus de trente ans, affirmant qu'une compréhension des constellations du ciel et de leur potentiel d'interprétation psychologique est un instrument incontournable. Le partage de sa passion pour la réflexion et la connaissance de soi sous forme de livre a permis de rendre plus accessibles les idées les plus modernes à propos de la sagesse ancienne des étoiles. Taureau ascendant Verseau avec la Lune en Cancer, Stella se sert de la terre, de l'air et de l'eau pour inspirer et enrichir son propre voyage astrologique.

Publié pour la première fois par Hardie Grant Books,
une marque du groupe Hardie Grant Publishing.

Textes © Stella Andromeda
Illustrations © Evi O. Studio

Direction éditoriale : Kate Pollard
Édition : Bex Fitzsimons
Direction artistique et illustrations : Evi O. Studio
Coordination éditoriale : Wendy Hobson
Fabrication : Sinead Hering

Pour l'édition française :

58, rue Jean Bleuzen - 92178 Vanves Cedex

Traduction : Bruno Provezza

Achevé d'imprimer en Chine en mai 2023
ISBN : 978-2-01-722929-2
25 4097 5 / 02

FSC
www.fsc.org
MIX
Paper from responsible sources
FSC™ C020056